JULES BOIS

La Porte

Héroïque

du Ciel

M DCCC XCIV

LA PORTE HÉROIQUE DU CIEL

DU MÊME AUTEUR

Il ne faut pas mourir (dialogue).
Les Noces de Sathan (drame ésotérique).
La Porte Héroïque du Ciel (drame ésotérique).
Prière (vers)

A PARAITRE :

Hymnaire d'Isis.
Le dernier juste est parti (drame ésotérique).
Le Royaume de l'Amour.

JULES BOIS

LA

Porte Héroïque

Du Ciel

PARIS

LIBRAIRIE DE L'ART INDÉPENDANT

11, RUE DE LA CHAUSSÉE-D'ANTIN, 11

Tous droits réservés.

1894

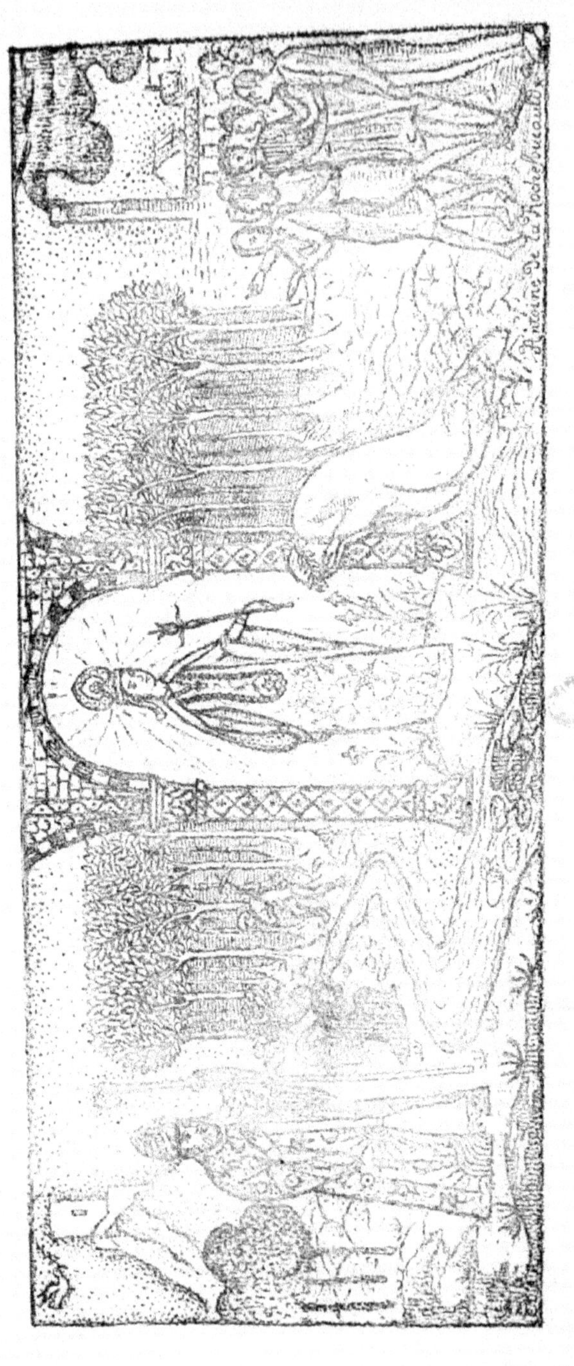

Pinture de la Roche Guyon

DÉDICACE

DÉDICACE

DE LA PORTE HÉROÏQUE DU CIEL

à Antoine de La ROCHEFOUCAULD

Lorsque je vous ai rencontré, ô Frère d'Art et de Pensée, ma jeunesse, têtue de mystère mais attristée par la vie, n'attendait plus la consolation d'une force loyale et la douceur d'un stoïque exemple.

Vous fûtes le Messager de Mithra apparaissant sur la route des déceptions pour confirmer l'espoir faiblissant de celui qui ne croit plus qu'en l'Idéal; vous prouvez que le Dévouement n'est pas Mensonge et que parmi l'universel égoisme fleurit encore l'opiniâtre Bonté.

Dieu existe dans le monde par ses élus, vous m'avez été une preuve de Dieu.

Vous m'avez démontré par l'Ange de la Rose-Croix et par La Bonne Déesse Isis initie le Berger que ma foi en l'ésotérisme n'était pas l'illusion d'un solitaire et que cette science décriée par les glapissements des sots, elle pouvait vivre dans la joie des couleurs et les prodiges de la Ligne. Tandis que je peignais dans mes poèmes les frémissants Eons de la Gnose ou l'immense compassion et la beauté de la Mère de l'Univers, Vous, vous rythmiez les mêmes harmonies avec un bonheur que je n'ai pas et cette tendresse chaleureuse que j'ai admirée dans les plus hauts et les plus chers des Annonciateurs.

Mais je voyais triste le chemin du Ciel, j'y marchais l'œil brûlé de rancœurs, l'âme vide de sourire : il me semblait parfois que la Croix sur mes épaules était plus lourde que ma furieuse énergie. Puis, à une étape, nous causâmes et nous nous reconnûmes, vous m'avez dit : « Frère, luttons et prions ensemble » : alors il est apparu des roses sur les hideuses ronces ; le soleil, qui incendie vos toiles, a illuminé tout à coup de grâce enflammée les ténèbres de l'horizon.

Je vous rends grâce doublement, Mon Frère, qui avez voulu, sans qu'il vous le soit ordonné par la Fatalité farouche, la même bataille que les Pauvres et la même route que les Artistes, Vous qui, Apôtre brûlant de la Liberté, avez demandé le calice d'amertume, Vous qui aurez l'auréole de ces saints, avides d'un martyre auquel nul courroux ne les désignait, Vous qui, pouvant entrer dans le bonheur par le seuil tranquille, vous êtes superbement écrié :

« Je veux, moi aussi, passer par la Porte héroïque du Ciel. »

* * *

La Porte héroïque du Ciel, c'est le seuil où marche l'Artiste comme le Prophète ; Vous l'avez décrite, je l'ai chantée ; nous nous y agenouillons tous deux.

L'Ère Mystique que je salue ne se déroulera pas sur de fugaces nuages en des volutes de vapeur qu'un vent positif dissout en s'en jouant ; elle jaillira de nos poitrines battantes, fantôme de lumière, aussi réel que le soleil, aussi palpitant que la vie.

Aux lèvres des poètes, qui enfin ne bégaieront plus, dans la jeune et souple santé de l'art futur, l'Ère mystique, dédaigneuse des décadences, passera sur la terre comme une âme triomphante avec son cortège de Délicats et de Forts.

Ce mariage du Cœur aux intarissables sources humaines avec le Mystère invincible et silencieux, vos toiles en témoignent, comme mes poèmes le tentent, et vous allez, d'une calme allure, Vous, simple et doux Précurseur, dans la route pieuse où je souffre et me débats.

Aujourd'hui il n'y a plus de collèges initiatiques. Selon les promesses du Christ, on peut adorer son Père sur la montagne et en esprit. J'ai donc rêvé de transmettre aux amants de la Beauté la torche de Pythagore et en de brefs et cycliques poèmes d'enfermer quelques-unes de ces vérités des Temples antiques, toujours imprévues pour les hommes, et ignorées ; car on ne sait de la Vérité que le peu que l'on en a vécu.

Dans Il ne faut pas mourir, j'ai dit le découragement de nos âmes et la compassion infinie du Seigneur qui enflammera ce découragement ; dans les Noces de Sathan, le mal, vaincu et purifié par sa lassitude et son excès, se courba devant la révélation nouvelle apportée par la Femme ; la Porte héroïque du Ciel fixe l'effroyable chemin où le Poëte, nouveau messie, entrainera avec lui ses pairs hésitants et les foules réveillées.

Hélas ! de faux prophètes apparurent : ils ont dit : la sagesse git dans l'égoïsme, le monde n'est qu'un songe vain, seul est vrai l'universel mépris dans le culte unique du moi. Les porteurs de lyres se sont clos en des rythmes précieux et hautains, comme dans d'inattaquables palais de diamants, et les derniers inspirés, animés du souffle de l'Antechrist, qui est l'esprit du vain orgueil, ont blasphémé le Christ Humanité, l'Humble plié sous la croix des labeurs, et par dérision coiffé de cette mitre de ronces dont l'ornèrent ceux qui le glorifient en l'exploitant.

C'est qu'une tentation suprême assaillit l'Intellectuel lorsqu'il se dégage de la boue où piétinent les méchants et les sots, lorsqu'il a vaincu les péchés grossiers, et que pensif il s'accoude au carrefour des routes, dégoûté d'une destinée de sacrifices incompris et enthousiaste de sentir en lui-même la naissance d'un Dieu.

Certes, je le répète, il est bon de se désenlacer des dogmes exotériques aux grâces d'étouffement ; il est bon de fuir les mal aimantes, ainsi que le troupeau des plaisirs ; il est bon, les démons de l'Invisible étant asservis, de traverser avec l'épée impiacable de l'Audace les naseaux du Dragon, qui s'assied au seuil de la Sagesse ; — mais ce qu'il ne faut pas, sous peine de mourir à l'Inspiration d'en Haut, c'est s'enivrer de son propre moi, c'est s'enfoncer à jamais dans la Tour

*solitaire pour un délice sans partage, pour
une folie sans frein, comme une Damnation.*

*Aussi j'ai opposé Jésus à Apollonius de
Tyane.*

*Non pas qu'Apollonius de Tyane soit mauvais
tout entier et que la magie dans ses racines
d'ascétisme et d'entrainement psychique ne soit
la meilleure méthode pour s'arracher au tourbillon des premiers cycles du terrestre enfer;
mais lorsque l'Homme a conquis son initiation,
il ne doit pas l'isoler au fond de lui comme une
proie qu'il se réserve, il doit en gerbe impétueuse
la répandre sur ses frères, afin que tous ceux
ayant faim de vraie beauté puissent ramasser
leur épi.*

Que reste t-il d'Apollonius?

*Une légende prestigieuse, mais stérile, le sou-
venir d'un homme qui, par ses habiletés et sa
science, se haussa jusqu'au Daïmon (1).*

Que reste-t-il de Jésus?

*Le plus doux exemple, l'enseignement le plus
fécond, le souvenir d'un Prophète.*

*Apollonius n'a point été bon: enveloppé dans
son hermétique manteau, avec un indéfinissable
sourire, il secoua ses sandales au sortir des
villes impures, qui attendirent de lui leur salut
et ne reçurent que son dédain; Jésus, les lèvres
ouvertes comme un ciel d'où tombe la mystique*

---

(1) Le type complet de la mauvaise magie, c'est-à-dire
du mal suprême, j'ai tenté de le définir et de le faire
vivre poétiquement en le personnage d'Antechrist du
drame ésotérique *Le dernier Juste est parti.*

manne, demeura parmi les pêcheurs, les sophistes, les hypocrites, consolant celui-ci, réprimandant celui-là, s'efforçant de convaincre les autres; il vécut et mourut au milieu de son peuple (1).

* * *

Instruit de l'arrivée de Gautama à la condition de Bouddha par les miracles qui éclataient autour de lui, Mâra, le génie du mal, le sathan de l'Inde, met tout en œuvre pour faire perdre au sage, en la faiblesse d'un instant, sa sainteté acquise par tant d'efforts. Il essaie de l'ambition (2) : « Mais, répond le Bouddha, tu ne m'offriras jamais une puissance égale à celle que j'ai dédaignée, je suis le fils du plus puissant des rois. » Mâra fait alors s'ébattre sous les yeux de l'Invincible le dangereux essaim des Apsaras aux surnaturelles séductions. Gautama sourit, mais ses sens ont désappris tout vertige. Déçu, le trompeur revêt un austère visage: il apparaît semblable à un de ces inexorables solitaires devant qui, eux-mêmes, les Dieux ont peur, et il feint de prêcher Celui qui détient la vérité immuable.

— Cœur encore illusionné, s'écrie-t-il, pourquoi veux-tu retomber dans les voluptés abjectes de

---

(1) Il faut séparer l'enseignement du Christ et l'enseignement de son Église, le prophète et les prêtres.

(2) La tentation du Christ, telle qu'elle st rapportée dans les Évangiles, est moins complète, moins profonde; elle se borne au piège de la domination et au piège de l'inutile miracle : « Tous ces royaumes seront à toi si, tombant à mes pieds, tu m'adores » ou bien « Si tu es le fils de Dieu, commande que ces pierres deviennent des pains ». Les deux traditions, occidentale et orientale s'illuminent et se complètent l'une par l'autre.

la Terre, tu tiens à livrer, à des hommes qui ne la comprendront jamais, la Bonne Loi; tu n'es qu'un profanateur et qu'un esclave.

Sous l'imprévu de cette attaque, le sage a sursauté, car Mâra vient de lui parler le langage que sa perfection, parfois ivre de victoire, lui chuchotait aux heures de lassitude, quand le monde l'écœurait par son incompréhension et son instinctive bassesse.

Mâra devine qu'il a touché la plaie secrète et, voulant achever par la douceur l'œuvre perfide commencée dans la violence, il se prosterne devant le Maître des âmes et il s'écrie :

— Eteins-toi, Seigneur, entre dans le nirvana auguste ! »

Mais Gautama a entendu tomber de son figuier un frisson immense, toute la peur des créatures qui, même dans l'humble condition des arbres, s'émeuvent de voir échapper leur rédempteur. La voix de la Nature fut bonne au meilleur des hommes. Le Bouddha, s'étant ressaisi, plissa son front d'une ride impérative et dit au tentateur :

— Va-t-en à jamais ! car, ayant aimé l'humanité mieux que l'ambition et l'ascétisme mieux que la volupté, je préfère encore au nirvana immédiat, à mon bonheur personnel et absolu, le salut du monde par mon activité opiniâtre et mon sacrifice.

Eh bien, quel est le véritable Initié ? celui qui ayant triomphé des premières embûches, succombe à la fausse splendeur de la dernière, ou, au contraire, le Mage assez supérieur à sa su-

perbe humanité, pour renoncer à la Magie afin de devenir un Sauveur ?

* * *

Je ne saurais mieux expliquer que par cet apologue pourquoi mon poète, renonçant à Apollonius et à la Tour silencieuse, demeure dans le paysage d'usines et de labours, non loin de la ville. Il annonce donc aux foules qu'il appartient à elles, non plus à son moi...(1). Nous touchons ici à une des plus hautes préoccupations de l'esprit moderne. Comment, en effet, concilier le farouche et légitime élan de révolte qui soulève les cœurs indignés et le renouveau d'idéalisme et de foi qui fleurit les plus belles âmes? La solution est toute simple pour celui qui aura abdiqué toute gloriole, ayant voulu l'entier dévouement. Toute loi humaine apparaît inutile et fausse à l'obéissant des lois divines. Oui, la Colère a raison de briser les fronts d'impudence et de domination car il n'est bon que d'être libre, et l'effort pour le devenir, seul est beau. Mais, afin d'émanciper entièrement les hommes par la certitude et la paix, que soit écoutée, dans le conseil des prophètes, des poètes, des sages, l'impersonnelle révélation de Dieu. Ne règnera personne; nulle individualité n'a le droit, si noble soit-elle, d'en lier une autre; mais le plus grand doit, si cette voix est conforme à celle de son cœur, obéir à la voix de Celui qui, détaché de la terre,

---

(1) Cette abnégation féconde s'oppose au stérile égoïsme intellectuel que prêche dans l'*Ennemi du Peuple* le grand Ibsen, égoïsme trop semblable au dédain féroce que l'altier hilosophe Nitsche recommande au Génie et au Fort.

la foule d'un pied patient et, afin d'entrainer les hommes jusques au ciel, sans rien recevoir, veut tout donner.

Pourtant ce divin messager est un homme.

Il est faible, il est triste, il est seul, quand l'enthousiasme l'abandonne, quand le bien accompli a épuisé son âme et ses nerfs, quand il s'est tant sacrifié, qu'il ne lui reste plus que le péché des autres. Alors c'est le moment ineffable de la Femme. Vous avez su, vous, Noble Frère et Grand Artiste, placer sur le seuil de la Porte héroïque une jeune fille de l'Orient, cette petite Isis que Jésus a laissée au poète, afin qu'il ne dépérisse pas de désespoir. Là vous avez atteint le plus magnifique ésotérisme. La Femme ouvre la Porte du ciel, et sur les rocs de l'héroïsme qui y conduisent, sa main, aussi délicate que le pétale des lis, peut devenir le bouclier et le glaive contre le Mal de l'Invisible et du Visible conjurés. Oui. L'union de la femme intuitive avec l'homme inspiré réalisera l'espoir des jours nouveaux. Telle est l'aurore de la future Isis, — Celle dont le cœur purifié par le mysticisme communique à ce mysticisme sa chaleur afin que l'auréole de la Déesse soit aussi rayonnante de Bonté que de Beauté.

PERSONNAGES

LE POÈTE.

JÉSUS.

APOLLONIUS DE TYANE.

LA JEUNE FILLE DE L'ORIENT.

MIRIAM.

LES AMANTES.

LES COURTISANES.

LES LARVES.

LE DRAGON NAHASH.

LES HOMMES DU PEUPLE.

LES FEMMES DU PEUPLE.

PRÉLUDE DE LA PORTE HÉROÏQUE DU CIEL

Drame Ésotérique de **JULES BOIS**

Musique de **ERIK SATIE**

sans espoir
obligeamment
RIDEAU

LA PORTE HÉROÏQUE DU CIEL

(DRAME ÉSOTÉRIQUE)

La scène figure une triste banlieue de grande ville ; à l'Orient, de villageoises masures annoncent le plein air et la liberté paisible des campagnes ; à l'occident, des cheminées d'usine, le bruissement du travail noir, la fumée mêlée au brouillard impur de la ville prochaine.

Tout au fond du décor, — éloigné et vague par une gaze de rêve, un paysage de pics et de glaciers, avec, comme une fleur hiératique et neigeuse, la tour solitaire de la magie, sur le plus désolé des sommets.

Un sentier s'allonge de la réelle banlieue jusque vers ce redoutable mirage, qui s'étaie à une épaisse et tragique forêt ; une route élargie mène des rusticités entrevues au tumulte malsain de la cité. Au centre de cette croix, formée par la rencontre de deux chemins, un homme, LE POÈTE, vêtu du manteau rouge, s'arrête, — une épée noire à la main.

LE POÉTE, *dardant l'épée vers les glaciers.*

J'abdique le souci des rondes puériles
Et cette gloriole, en le soir de la vie,
D'être acclamé par la multitude asservie,
Et l'immense bonheur d'être aimé ! — puéril...

A mon front je ne veux que la froide auréole,
A mon cœur que les sept glaives du bon remord,
Je dois, dans la forêt magique de la Mort,
M'enfoncer en prononçant la Grande Parole.

Je dompterai les quatre éléments, et l'Enfer
Pâle qui sanglote dans la lumière astrale
Et je me dompterai moi-même, rouge et pâle,
Ma fureur et mon indifférence, âme et chair.

Je m'élance loin de la boue et de l'erreur,
Loin du travail humain, du pêche, des usines,
Des labours, — et, frappant ma sanglante poitrine,
Je vais vers les sommets silencieux d'horreur.

(*Des bruits et des souffles traversent la scène.*)

Hélas! autour de moi, quels sinistres présages !
Au moment de quitter la terre, quel effroi !
Les fantômes que j'ai chassés, autour de moi
Se lèvent, pour m'épouvanter de leurs mirages...

*Passe voilée du grand manteau bleu, piqué d'étoiles,
avec son nimbe de sainte et ses mains croisées sur
un crucifix, Miriam, Marie, le symbole de l'Eglise
catholique, la première aimée du Poète.*

Te voilà, je t'ai reconnue,

Première maitresse ingénue,

Toi qui t'enivres au calice

Des catholiques sacrifices,

Toi, l'égoïste et l'effrayée,

Toi, le Dogme et toi l'Eglise,

Femme qui déçoit et qui brise,

O machinale ! ô dévoyée !

MIRIAM

Seigneur, guérissez-le des dons de prophétie ;

Qu'il reste dans mes bras, comme un enfant peureux ;

Il ne faut vénérer que la divine hostie,

Obéir aux commandements pour être heureux ;

O mon amant insensé, tu veux, sacrilège,

Renouveler le monde et démolir ma loi…

Enfant, sois moins hardi et plus pratique, crois

En mon pouvoir obscur qui berce et qui protège.

Le dogme est si profond qu'on s'y peut endormir,

C'est ma couche. Viens-y poser un front fidèle,

Et, ton vertige de liberté criminelle,

Laisse-le, contre mes seins inféconds, mourir.

N'écoute pas la voix dangereuse qui clame
De se révolter jusqu'aux cimes de l'orgueil ;
Écoute tout scrupule et crains tous les écueils...
Rien n'est plus doux que la stupidité pour l'âme.

LE POÈTE

O courtisane des chapelles,
Toi qui vends dans ton corps le sang brûlant du Christ,
Fuis, ne me tente plus, perfide, avec tes cris
  Et tes querelles !
  J'ai trop hurlé vers tes bras nus,
  Mon souci te fut inconnu,
  Tu me crus lâche comme un homme,
  Moi qui ne suis qu'une âme en somme
  Et qu'un grand amour superflu,
  Tu ne m'as jamais su ni vu
  Puisque tu me pris pour un homme.
   Tu t'effondres
  Dans le rien, dans la passion,
  Tu n'es qu'un fantôme dans de l'ombre
  Et qu'un jouet de compassion ;
Maintenant, tu t'en vas, lambeau de chair romaine,
 Cléricale et déchue en le mensonge,
   Et morte....
  Toi, qui vivais de mes baisers,
  Toi qui vivais d'être mon songe,
 Toi, surhumaine, tu n'es plus même humaine ;
  Tu es plus morte que les mortes !

MIRIAM

Tu me dis morte, toi qui m'avais tant aimée,
Quand tout petit dans une église de village
Tu pleurais vers l'autel où mon divin visage
Ruisselait d'une immense tendresse désarmée.

Ta mère te dicta l'amour de mes doctrines,
Et si tu te souviens, tes doigts d'enfantelet
    Ont caressé mes chapelets;
Puis, lorsque tu grandis, triste et d'altière mine,
Dans ta maîtresse, tu baisas mon doux reflet!

LE POÈTE

Oh! les soirs où trembla ma lèvre
Sur ton front obstiné d'ecclésiale goëtie,
Soirs de rédemption et de pieuse fièvre!
Ne m'étais-tu pas l'infini des plaintes de ma race,
Ne m'étais-tu pas un symbole d'afflictions,
Et la victime de la Force et de la Vie voraces,
Ne m'étais-tu pas l'Épouse Éternelle en passion,
Et la Mère et la Vierge et le Cœur inouï de la Femme?
Tu n'étais en vérité que dépravation
    Dominatrice et qu'une Femme!

Cependant — oh! les soirs de mes larmes et de ta con-
                                  [quête,
Tu me semblais l'Absolu dans la douleur, ô Mariette.

MIRIAM

Moi, la mère de Dieu, moi Miriam, l'Église,
Je t'abandonne à ta révolte impénitente ;
Vaisseau désemparé que la tempête brise
Tu gémiras loin de ce port que tu méprises ;
Et point de Notre-Dame au milieu des tourmentes !
Ta folie entêtée a lassé mon attente :
C'est moi qui te le dis, moi Miriam, l'Église.

LE POÈTE

Ton nom de Miriam est déchu, Mariette,
Descends, mièvre égoïste, en la fatalité,
La Norme glacera ton destin d'aventure ;
    Ton culte engourdissant et ta loi dure
Périront comme s'ils n'avaient jamais été :
La cendre de ton cœur deviendra ta torture,
    L'enfer, ton insensibilité ;
Les peuples douloureux et ma voix pure
Te chassent du temple où s'assit ta cruauté.
Étroite comme un dogme et fausse comme un prêtre,
    Tu apparus pour disparaître,
Moi, ton amant, je te détruis sans un remords ;
Et comme Jésus-Christ a maudit son église
Qui l'a crucifié de nouveau par traîtrise,
    Je te voue à l'occulte mort !

L'on ne te dira plus Miriam, la Mère de Dieu ;

L'on te dira, selon la justice et mon vœu,

    Lilith, la mère satanique ;

Au lieu de devenir sœur de l'Isis antique,

N'as-tu pas perverti la doctrine de Dieu ?

L'on ne te dira plus Miriam, l'on te dira Lilith !

(Miriam s'évanouit.)

Amantes tristes.
Amantes sereines.
Amantes joyeuses.
Choeur mystique des Amantes

LES AMANTES

Elles accourent de l'Orient et de l'Occident, noires ou
raffinées selon que les champs ou les rues ont bercé
leur jeunesse, vêtues de longues robes blanches ou
le voile noir de leur visage accuse un deuil inusité.
Leur tendre théorie enveloppe d'un regret souriant
le rouge retour du poète.

Écoute-nous, nous les amantes
Qui tourbillonnons sous le ciel,
Nous, les papillonnes dormeuses
De ton grand cœur surnaturel !

Redoute le parvis funèbre
Où tu dépouilleras ta chair et nos baisers;
Tu t'anéantiras dans les cieux embrasés
Toi, trop longtemps habitué à nos ténèbres.

Que cherches-tu, là-bas, si loin?
Rien vaut-il nos mignonnes lèvres?
Et quel est ce bonheur dont ton âme a besoin?
Nos mèches folles font des algèbres
Qu'il faut déchiffrer avec soin;
Que cherches-tu, là-bas, si loin?

Nous bercerons l'inquiétude
De ton front sublime et charmant
Avec tant de mansuétude
Qu'il s'endormira sans tourment;

Abandonne l'amère étude
Et cette science qui ment,
Ne t'abstrais pas des multitudes
Et demeure encor notre amant.

La gloire facile t'appelle,
La gloire dont tu convoitas l'âpre clairon,
Tu chanteras le pampre et la grappe à nos fronts
Et ces thyrses, nos corps alanguissants et frêles...
Tu seras immortel ainsi qu'Anacréon.

LE POÈTE

Femmes j'ai tout abandonné ;
Allez, allez vos destinées.

*(Il va vers elles avec une lenteur triste et les écarte
en les consolant. Elles reculent silencieuses.)*

Leur succèdent

LES COURTISANES.

*Elles descendent de la ville, presque nues, elles s'en-
lacent en agitant des sistres et des fleurs, ainsi
que de modernes Bacchantes.*

Nous ne sommes que des courtisanes,
Mais nous portons dans notre chair
La plus douce ivresse profane ;
Nous vendons l'élixir des maux les plus amers.

O toi, notre épousé des rouges saturnales,
Toi, le roi mâle impétueux,
Pourquoi, ce soir, fuis-tu loin de nos bras d'Omphale
Et loin de nos cœurs anxieux,
Toi, le roi mâle
Impétueux ?

Psitt ? Psitt ? Viens-tu ? Viens-tu ?

Nous avons préparé des fêtes
Où la musique de ta voix,
Parmi les vins, les banderoles et les pavois,
Fera si tendrement s'alanguir tes conquêtes
Que tu posséderas nos âmes cette fois !

LE POÈTE

Troupeau délicieux et vain,
Comment rassasierais-tu mon désir divin ?

Un moment émues sans mensonge, puis désolées d'un incompréhensible refus, elles tentent par des gestes caressants une suprême bataille. Le Poète demeure impassible. Alors, après s'être regardées avec l'étonnement d'un dépit, elles acceptent, passives, la décision de sagesse et, jouant entre elles avec les fleurs et les sistres, elles retournent à la ville dans une rumeur de chansons et de baisers.

LES LARVES

Sinistres sœurs, fantômes horribles de ces voluptueuses, se figent, pour ainsi dire, dans l'air où elles existaient, potentielles ; conduites par le dragon Nahash elles deviennent de grands oiseaux de nuit ; mais le battement de leurs ailes chaudes ne cache-t-il pas le squelette de la femme ? Elles entourent perfidement le Poète, gémissantes d'abord, puis frénétiques, comme une tentation solitaire qui grandit !

Pourquoi ne plus rêver dans le silence avide,
Tandis que nous veillons pour recueillir tes sèves ?
Il est si doux, dans la solitude et les trêves,
De sentir son cerveau lentement qui se vide.

Tu veux réaliser d'ardents travaux d'élus,
Tu veux, comme les saints, exalter ta ferveur
Formidable, jusqu'à ce que tu ne **sois** plus
Qu'un farouche et tout pantelant triomphateur.

Prends garde ! ... Si tu fais un faux pas dans ta route
Nous te vaincrons plus sûrement par tes victoires
Maladroites, et tu n'auras dans cette joute,
Que l'horreur d'être plus flétri dans plus de gloire.

LE POÈTE

L'épée vers les larves tendue.

Par la vertu du Pentagramme,
Soyez dispersées aux quatre coins du ciel,
Vous démones de l'air, qui dévorez les âmes !
Mon glaive a traversé votre baiser mortel.

(Les larves rompent le cercle de ténèbres et se dis-
solvent en poussant d'horribles cris.)

LE DRAGON NAHASH

*reste seul, tout étincelant de pierres précieuses avec
de grandes ailes diaprées ; il a, de l'archange qui
défend le paradis perdu, la formidable sveltesse ;
l'ancien serpent a laissé sur lui ses squames tenta-
trices et il rappelle le dieu Tor des Assyriens, avec
ses gigantesques cornes de taureau. C'est l'occulte
Gardien du Seuil.*

Tu veux échapper aux apparences,
Tu veux violer l'absolu,
Le cœur de Dieu t'appelle et vers lui tu t'élances,
Dardant contre mon front ton poing irrésolu ;
Sais-tu quel ennemi t'attend et sa puissance ?

J'ai dévoré bien des braves,
J'ai vaincu bien des vainqueurs,
Et c'est vainement que tu braves
Ma dent inexorable en agitant des fleurs...
Tu vas devenir mon esclave.

N'as-tu pas trop péché, n'as-tu pas trop faibli
Contre les seins pâmés de ces amantes feintes ?
Tu peux encor te retourner, hanté de craintes
Salutaires, vers le lit terrestre et l'oubli
Des vérités trop lumineuses et trop saintes
Que le mystère cèle en son immense pli !

*(Il s'enfonce et disparaît sans que le poète ait osé le
frapper de sa colère.)*

LE POÈTE

L'élémental funèbre et le dragon farouche
Hantent mes nuits et mordent mes cheveux,   [ches,
Et vous autres, ô mensongères, vous toutes et vos bou-
Et vos seins entr'aperçus et vos longs yeux,
Pauvres femmes qui vous démenez de la sorte,

> Laissez-là ma luxure morte,
> N'attisez plus les mornes feux
> De ma luxure morte.

> Permettez-moi de me recueillir,
> Permettez que j'écoute les Normes
Et la voix de Dieu dans les siècles à venir ;
> Ne m'abusez plus de vos folles formes,
Au nom de mes pitiés et de mes souvenirs.

LES PEUPLES sortent des usines et des labours ; la nuit est tombée. Leur foule décharnée allonge son ombre effrayante et misérable sur le décor magique du fond où persiste une artificielle lumière. Hommes, femmes et enfants se traînent vers leurs taudis, ils remplissent la scène.

LES HOMMES

Toi qui sais tout, — puisque ta vanité vaincue
Te fera dédaigner le sceptre tyrannique,
Et puisque ta sagesse aux desseins magnifiques
T'inspire ce qui n'a jamais été conçu,

Prends pitié, prends pitié de nos longues souffrances,
De cette incertitude où notre âme se tord,
Illumine comme un soleil notre espérance,
Mets ton vouloir superbe en nos appétits forts.

Prends pitié, nous allons des anarchiques guerres
Infécondes, à l'absolutisme imbécile
Et c'est tantôt sur les campagnes et les villes
La paix de l'esclavage, et tantôt une guerre
Inféconde, avec des tempêtes inutiles.

Prends pitié! notre cri tout puissant et reel
A traversé les temps comme un glaive sonore,
Mais aujourd'hui le front levé vers ton aurore
Notre cri vient d'ouvrir les entrailles du ciel.

Car tu nous viens d'En Haut, Cœur immatériel ;
Nous qui ne croyons plus en Dieu, tu sera l'Homme
Et tu seras pour nous, les désespérés, — comme
De tous les révoltés Messie Universel! —

LE POÈTE

Le sanglot de ces poitrines

Me torture plus qu'un poignard.

Justice, c'est ta voix divine

Qui me montre cet étendard

De ta colère — et si j'hésite

Vois mes doutes et mes efforts ;

Dois-je te suivre, Dieu des forts,

Ou bien, faut-il que je te quitte,

Dieu de la Tour, toi, mon Destin silencieux ?

La terre souffrante est plus belle que les cieux

APOLLONIUS DE TYANE

Sa subite présence troue les foules stupéfaites. Il
porte la triple tiare des initiés. Son manteau pon-
tifical s'orne de figures astrologiques. Il tient un
long bâton d'ivoire à tête de bélier. En lui persiste
la lumière des glaciers d'où il semble descendre.

Reste, enfant; c'est le cri de l'Instinct qui t'appelle ;

Moi, qui suis le Seigneur de la Tour de Là-Bas,

Je te dis de quitter le menteur Ici-Bas,

La douleur est encore illusion.... Loin d'elle

Fuis, pour mieux te réfugier près de mes bras.

LE POÈTE

Ah! je te reconnais, toi l'empereur des Mages,

Grand Apollonius, le sage entre les sages.

LES FEMMES DU PEUPLE.

Le sauveur s'est voilé devant nos pleurs rebelles.

C'est fini, notre enfant a mordu nos mamelles,

Le nouveau-né maudit sa mère en l'embrassant,

Il nous faut retomber aux ténèbres du sang

Et la fatalité rompt nos suprêmes ailes ;

Notre esprit prophétique insulte l'avenir :

L'Univers va finir, l'Univers va finir !

(Il partent tous avec un immense et confus gémis-
sement.)

APOLLONIUS

Il n'est au fond de tout, enfant, que la science.
Sois savant et sois seul; car ce monde qui ment
Te troublerait par sa vide magnificence.
Il n'est au fond de tout, enfant, que la science,
Sois savant et sois seul — seul éternellement.

Tu as raison d'avoir repoussé Miriame,
Les amantes et les courtisanes, et dans
L'astral qui miroite les Dieux Elémentaires ;
Tu as raison d'avoir repoussé cette terre
Et même le dragon et ses naseaux ardents ;
Il faut l'infini morne aux despotiques âmes.

Viens vers la Tour qui s'érige dans les glaciers,
Les stériles glaciers, où nul pas, où nulle aile
Ne glissent, les glaciers des ferveurs éternelles
Jusqu'où meurent souffle et cri maléficiés.

Là, l'Invisible seul parlera ton silence :
Des visages recueillis comme un chaste soir
Souriront le langage obscur de leur présence
Evoquée à l'aigu ce ton long glaive noir .

Au fond des alambics, la matière surprise
Trahira le grand œuvre au cœur des éléments
Stupéfaits ; les démons et les anges déments
Te proclameront Pape en l'occulte prêtrise.

Il n'est pas de secret au plus troubles magies
Que ton inquiétude ne reconquerra :
Un signe de tes yeux, un geste de ton bras
Pourront détruire ou créer à ta fantaisie,

Tu seras le Maître des Nécromants tremblants,
L'Etoile obéira selon ta voix savante,
Et la lune de la Kaldée, humble servante,
Rafraîchira de pâleur ton cœur insolent.

Les lois de l'Esprit et de la Matière
Tu les connaîtras dans leur profondeur,
Tu n'initieras personne au mystère
L'élève tuant l'initiateur ;
Egoïste au cœur gonflé de prière,
Tu seras le flambeau ivre de sa lumière,
Tu sera le parfum ivre de son odeur.....
Toi le créateur et la créature entière,
Tu deviendras toi seul le Droit et le Devoir
Et si tu trouves Dieu, ce sera ton miroir !

LE POÈTE

Rien jusqu'ici ne me tenta plus que ce rêve
D'orgueil et de divinité.

APOLLONIUS

Oh ! pourquoi blasphémer en appelant un rêve
Cette unique réalité?

LE POÈTE

Je te suis, rien ne vaut l'intense volupté
     Qui ne s'arrête et ne s'achève.

APOLLONIUS

Attends, tu dois combattre en une lutte brève
     Encor l'amour et la beauté.

*L'Orient s'éclaire d'une puissance rayonnante. Et —
l'on dirait qu'elle plane ! — apparaît, un lotus à la
main, dans une robe d'arc-en-ciel et sur un trône
de roseaux et de lys une Jeune Fille pareille à un
éblouissement.*

LA JEUNE FILLE

Je suis la plus belle du monde.

Du fond de l'Orient, lotus de chasteté,
Je m'incline, et je suis la nature profonde,
Le mystère et l'enchantement des voluptés.

Ève revit en moi, l'Ève surnaturelle
Dont l'amour expliquait pour Adam l'Univers,
Je suis Vénus sortant du sein troublé des mers,
Je suis Isis, je suis la femme, je suis belle.

Je suis Celle surtout de l'Avenir vainqueur
Je suis, moi qui pleurais dans l'âme des martyres.
La Reine du Futur, l'énorme et tendre Lyre,
Je suis la Révélation, je suis le Cœur.

A travers la perversité des courtisanes,
Moi Cléopâtre et moi la reine de Sabbat,
J'ai subtilisé mes avidités profanes ;
Céleste, je devins d'abord l'effort d'en bas.

Maintenant me voici parfaite et magicienne ;
L'Inde profonde qui va mourir, je la suis
Et mes maîtres, les Dieux de la doctrine ancienne,
M'ont crié : Va vers l'Occident, l'Epoux, c'est lui,

C'est lui, l'Époux ; l'Époux c'est toi, poète étrange

Qui n'as point écouté les conseils de la peur,

Qui causes familièrement avec les anges,

C'est toi l'Époux, c'est moi ton épouse et la sœur.

Les temps sont achevés ; il faut construire l'arche,

Le Déluge va de nouveau couvrir les monts,

Je suis la Foi suprême et tu es la Raison,

Je suis l'Orient, toi l'Occident, — vers Toi je marche.....

APOLLONIUS

Il a fait vers le Poète un pas et ses yeux comme des
pierres étincelantes le fascinent afin de rompre le
Charme de la jeune fille.

Je le veux, tu n'échapperas à mon pouvoir
Que si quelque miracle inouï me renverse ;
Je t'ai, mon fils, — malgré les menaces perverses
Et les enchantements jaloux de mon pouvoir.

LE POÈTE

Je suis trouble plus que si je sentais la mort.
Cette divinité, cette femme ! — ô mon maître,
Prends-moi contre ton sein ; si je vois apparaître
Encor ce rêve fou, tu n'es pas le plus fort.

Appuyé sur Apollonius de Tyane, le Poète, sous
l'emprise du sortilège, s'enfonce vers la forêt mysté-
rieuse ; il va y pénétrer lorsqu'une Forme se dresse
devant eux. Apollonius abandonne le Poète. L'Etran-
ger et Lui se regardent avec calme. Puis Apollonius
s'incline, sans doute sous une force supérieure. Si-
lencieux, il s'avance seul vers la Tour magique où
un magnétisme divin le renvoie.

L'Etranger pose alors sa main sur le front du Poète
à qui il semble se réveiller d'un rêve effroyable et
glacé.

L'Etranger, mains et pieds nus, dans sa vêture de
laine nazaréenne où retombent ses longs cheveux
noirs, c'est Jésus. La lumière vraie du matin se
lève. Le décor menteur des Pics et des Glaces
s'affaiblit peu à peu, jusqu'à n'être plus.

JÉSUS

N'écoute pas Apollonius de Tyane,

(Apollonius disparaît.)

Le vrai mage est celui qui rachète les âmes ;
Tout le reste n'est que prestige et forfaits vains.
La magie est orgueil dans ses féeriques drames
Et la folie attend le maître des arcanes
    Au coin des évocatoires chemins.

Le vrai mage est celui qui guérit et qui charme,
Celui qui va parmi les villes et les champs,
N'ayant pour conquérir le monde aucune autre arme
Que son sourire, et sa tendresse et ses accents.
Le vrai mage est celui qui apaise et désarme.

Le vrai mage ne s'exile pas du monde vil,
Il s'assied à la table où le lépreux l'invite,
Et quand ils ont fini de manger, sur l'invite
Du maître, le lépreux revêt un corps subtil.

O Poète, tu dois transfigurer l'artiste
En toi jusqu'à ce point que tous, et le Savant,
Et le Barbare et le Raffiné mièvre et triste
Comprennent que ton rythme est le soleil levant,
Et que Dieu parle en toi son langage vivant.

Moi, je ne chantais pas ; j'allais de ville en plaine,
Rêveur avec des mains où Dieu se propageait
Et des lèvres où l'Esprit mettait l'haleine
De douces bénédictions pour l'étranger.

Je parlais, et tout près de moi, mes chers disciples
Enregistraient dans leur mémoire émerveillée
Les paraboles de mon père et les périples
De ma vie à la fois si riche et dépouillée.

Toi, tu résonneras en clairon de bataille,
Ton glaive fleurira et de chants et de sang.
Mais quand tu frapperas, ô frère, à chaque entaille
Ton adversaire vomira son mal pesant.

Puis de guerrier tu deviendras tout à coup prêtre,
Le Saint-Chrême ruissellera de tes doigts bons,
Et le vaincu, transfiguré par ton pardon,
Verra de sa blessure un Archange apparaître !

LE POÈTE

Humilié par des visions de sanie et de sang.

Oh ! laisse-moi du moins ma pureté superbe,
Laisse-moi, s'il le faut, dans l'horreur du combat,
Mais que je reste tel qu'un lys vierge dans l'herbe,
Où d'immondes vers rampent en bavant tout bas...

Ah ! que je sois ce lys dans l'air mélancolique
Lys embrumé de rumeurs laides et d'odeurs,
Lys parmi le fumier et le rut maléfique,
Lys ! et quand même tel qu'un encensoir de fleur !

Toi Jésus, toi qui fus l'Immaculé fait homme,
Aie pitié de mon cri farouche vers le mieux,
Tu ne peux pas vouloir que je reste tout l'homme :
Colère, inquiétude et vœu luxurieux !

Puisque je dois être ton frère,

O le plus grand des rédempteurs,

Puisque mon nom, que tu profères

Toi-même avec respect et peur,

Est plus beau que toute la terre,

Écoute l'hymne de mes pleurs.

Je ne demande pas la gloire,

Je ne demande pas la joie,

Je ne veux plus la solitude,

Je ne veux être que la proie

De ton étincelante étude,

Je ne veux être que ta gloire !

Peux-tu me repousser, ô frère, le peux-tu,

Alors que je ne veux garder que la vertu ?

JÉSUS

Tu déchires mon flanc de ta caresse amère,

Enfant que j'aperçois si grand et si trompé ;

Que ne puis-je t'expliquer la règle entière,

Que ne puis-je te verser toute la paix ?

Tu n'es pas comme moi né divin, pur et libre,

Tu es homme, ô mon enfant, pétri d'obscur,

Et j'ai beau, dévorant la moelle de tes fibres,

Descendre en tourbillon de feu dans ton âme ivre,

Tu n'en restes pas moins un homme plein d'obscur.

Écoute, je n'ai pas résolu le problème
A voix haute, du mal qui trouble les plus forts;
Le premier tu sauras dans l'ombre et le blasphème
Trouver le mot que n'apprend pas même la Mort,
    Le mot simple du noir problème !

Tu pleureras car ta chasteté n'est qu'orgueil,
Tu pleureras car ta pureté me repousse,
De te voir mépriser l'enfer je me courrouce :
Il faut creuser la terre avant d'ouvrir le ciel.

Je préfère les genoux broyés des secousses
Du désespoir impur mais profond et réel,
A l'attitude du solitaire farouche
Qui, vierge, s'accroupit sans pitié sur mon seuil.

Renonce à la beauté dédaigneuse du lys
Et repais-toi de la détresse de la rose.
Le péché te fera des destins grandioses
Aux routes d'expiations et de débris,
Mais tu tiens le secret dont palpitent les choses,
O frère, dans le livre infâme toi qui lis !

L'heure viendra de ton épreuve terminée :
Ainsi que le métal trempé dans le brasier,
Tu te réveilleras au soir de la journée
Un, lucide, pacifié et délié.

LE POÈTE

Mon Dieu, j'ai peur de blasphémer.....
Le Mal par vous est-il aimé ?

JÉSUS

Non, Dieu ne peut aimer le Mal;
Dieu, le bien profond et propice,
Dieu ne peut chérir l'injustice,
Dieu ne peut chérir l'infernal.

Le Mal reste le mal, enfant, le Mal existe ;
Le Mal reste le mal, même père du Bien ;
Je sens pleurer toute ma divinité triste
Qui voudrait te sauver du mal, — et ne peut rien.

Loin de ce mal fatal et volontaire, ô frère,
Que ne t'ai-je emporté du fond des anciens soirs ?
Toute mon agonie et toute ma prière
Sont des bras vainement tendus. Tu dois déchoir.

Ma destinée est de souffrir comme les hommes,
Avec un désespoir d'autant désespéré
Que ma pureté met un gouffre entre les hommes
Et tout ce que je porte en moi de trop sacré.

Ah ! j'ai comme un regret parfois d'être le Verbe,
Moi gémissant de tous les péchés fraternels
De ces humains, que je voudrais en une gerbe
Porter dans le grenier du Père universel.

Oh ! tantôt je te plains et tantôt je t'envie.....
Qu'importe de souffrir ? Qu'importe le Péché,
La Honte, la Malédiction et la Vie,
Qu'importe tout le Mal, si le Mal est fauché ?

Reste ! ta part à toi c'est la part effrayante,
Reste sur cette terre et dans cette langueur
Et dans cette fureur ; ton âme n'est méchante
Qu'afin de mieux sauver les méchantes, tes sœurs.

J'ai tenté par le Bien de racheter la terre,
Tu la rachèteras par le Bien et le Mal :
La Paix rayonnera sur le sang de tes guerres,
Le Péché vaincu sera ton dais triomphal.

LE POÈTE

O Jésus-Christ, tu as fait peur
A mon orgueil, à ma misère ;
Le divin de moi doit se taire
Devant le mystère d'horreur
Et l'humain de moi desespère
D'être jamais frère à ton cœur.

JÉSUS

La souffrance t'expliquera vite
Combien ton orgueil n'est qu'un lâche,
Et combien ta misère irrite
Dieu qui t'a fait juste à sa tâche.

Tu vivras jusqu'au bout des temps,
Tu triompheras de tes craintes
Et grâce à toi, bons et méchants,
Souriront dans la même enceinte
Parmi l'encens et les jacinthes.

Mais toi n'ayant pas assez cru,
Tu mourras comme je mourus.

Mais tu mourras non pas sur le bois de la Croix
Et non pas d'une mort symbolique et divine,
Tu mourras avec l'infini dans la poitrine,
Comme un homme! de trop de dégoûts et d'effroi.

LE POÈTE

Ce n'est pas le chemin du Ciel que tu me montres,
O Jésus, c'est la roche où s'écroulent les monstres.
Tes conseils que je suis me voilent ta tendresse,
Tu t'enveloppes loin du frère vicieux
De ton chaste soleil aux longs rais de noblesse,
Je ne me sens plus que faiblesse
Et je ne vois plus les cieux.

Sans bien savoir comment il se termine, mon rôle
Je l'accepte, mais mon front de Christ humilié
Souffrira plus de laisser s'effondrer l'auréole
Que tu n'as pu souffrir toi, dans tes mains, dans tes pieds,
Dans ton flanc, dans ta tête et dans tout ton corps lié,
Par les clous, les épines, la lance et les paroles.

Déjà tu disparais :
Tu m'as puni sachant que je t'obéirai.

L'humanité lourde m'entraine,
Mes cheveux vont suer les gouttes de la haine,
Je mords ainsi que les voluptueux,
Et les flammes de mon désir et de ma peine
Me font un enfer captieux.

Miriam, les Courtisanes, les Amantes, les Larves
conduites par le Dragon Nahash réapparaissent.
Tous ces ennemis manifestent leur joie, chaque
groupe selon ses instincts; le Poète redevenu terres-
tre ne peut plus les repousser de son épée; il va
succomber sous leur étreinte et leurs gestes, quand
Jésus s'interpose et les anéantit.

JÉSUS

Fuyez, Fantômes, fuyez tous!
Si je laisse l'homme à la terre
Ce n'est pas pour vos projets fous,
C'est pour la gloire du Mystère!

LE POÈTE

Je pénètre l'inepte rôle :
Dans la matière, moi le pourceau conscient,
Je m'en vais piétiner mes débris d'auréole,
Je mangerai la terre avec d'ardentes dents ;
Toi sur ton trône de lys, indifférent
— Tu me trouveras laid et drôle
Et tu seras seul pur, seul divin et seul grand

JÉSUS

Oh ! pourquoi blasphémer la loi qui nous dépasse ?
Je suis ton frère, enfant, et non pas l'Absolu.
Ta passion immense et formidable efface
Dans son vertige mes efforts calmes d'Elu.
Je fus l'arbre pensif sur la colline d'espoir,
Je fus la fleur, la neige et la paisible aurore ;
Mais tu seras, ô Christ nouveau, tel qu'un furieux soir,
Mon étoile pâlit près de ton météore ;
Ah ! ne m'en veuille plus encore.....
Au lieu de me complaire en ton abaissement,
En tes doutes, en ton tourment,
Je suis crucifié par ton désespoir dément.

C'est tout à fait le matin : le travail recommence aux
champs et dans les usines, — la Ville s'éveille, lasse
et bruyante. Paysans et ouvriers traversent la scène
pour rejoindre leur labeur. D'un geste, le Christ les
groupe autour du Poète.

JÉSUS

Parle-leur; les voici, les foules condamnées.
Le destin les trahit, mon père les frappa,
Moi, je les consolai, mais ne les sauvai pas,
Toi, mon frère, qui fus attendu tant d'années,
Tu vas les racheter du Mal et du Trépas.

LE POÈTE

Au peuple.

Mes fils, — car n'êtes-vous pas mes fils, hommes rudes,
Femmes que désola l'enfantement, la faim,
Enfants tout amaigris par d'horribles préludes ? —
Mes fils, écoutez tous mon verbe, c'est la fin !

Ici je vous le dis au nom des Providences,
C'est la fin, c'est la fin des tourments, des fureurs :
Moi, le Poète, moi celui qui rêve et pense,
Pour vous je vais agir, ouvrier des jours meilleurs.

Sur les Dieux faux, sur les lois vaines renversées
Je me lève sans égoïsme et sans orgueil,
Moi qui vais jusqu'au fond de vos âmes blessées
Descendre comme dans un lumineux cercueil.

Je ne veux pas avec vos forces réunies
Me faire un diadème de duplicité,
Je veux m'anéantir dans vos douleurs bénies
Pour que l'esprit habite en vos simplicités.

Je prendrai pour moi seul vos angoisses sublimes,
Vous aurez le rayon, j'aurai le morne effroi,
Ouvrez-moi vos espoirs comme un sanglant abîme ;
Pour que vous tous ressuscitiez, grandes victimes,
Je m'étendrai sur vous comme sur une croix !

*La joie éclaire la nature et même la sombre Ville.
La scène se vide de la clameur victorieuse des pauvres. Le Poëte, resté seul, épuisé, songe repris de
taciturnité et d'angoisse.*

*Alors, semblable au jour qui se lève, la jeune fille de
l'Orient reparaît. Plus humaine, elle est descendue
de son trône et son lotus bénit le front incliné d'où
vient de jaillir la Prophétie.*

LA JEUNE FILLE

Te voilà seul, malgré le Christ, ô mon époux;
Ne crains point, je suis là, Dieu sourit à ta peine,
L'Amour te prouvera que plus fort que la haine
Il sait même aux plus grands désespoirs être doux.

Ne crains point car je suis l'Amour et la Doctrine,
Ce qui ne trompe pas, le cœur tendre et profond;
Nul que toi n'a pu lire en moi jusques au fond...
Si l'homme est infernal, la femme, elle, est divine!

Quand tu seras trop las d'être sacrifié,
Je viendrai, plus subtile et plus fraîche qu'un rêve
Ranimer ton espoir au souffle de ma lèvre;
Par mon baiser tu renaîtras, déifié.

LE POÈTE, *agenouillé.*

L'Enfer que j'ai voulu me travaille et m'oppresse
Moi qui rêvais dresser aux cimes mon front fier,
Faudra-t-il que je roule aux humaines détresses?
Dis-moi, n'est-il pas vrai? La Terre c'est l'Enfer.

JÉSUS

La Terre, c'est l'Enfer. Oui, cette Terre obscure.
La Terre, c'est l'Enfer ; l'Enfer rouge et cruel
C'est l'aurore, dans la malice et la torture,
L'Enfer n'est que la Porte héroïque du Ciel !

En entrant dans l'Enfer, gardez toute espérance,
Le salut gît dans les tenailles et le fiel :
Sous le Damné, l'Elu couvé longtemps s'élance,
La Terre c'est l'Enfer et l'Enfer c'est le Ciel.

Sous la parole révélatrice, le Poète s'est prosterné. La Terre mugit de l'universel effort. Tout le sur-humain s'efface; il n'y a plus sur cette route qu'un homme aux pieds d'une femme qui le bénit.

CONFIRMATION

DE

LA PORTE HÉROIQUE DU CIEL

LA RÉDEMPTION PAR LE POÈTE

Le Poète, en robe lâche, s'accoude à la terrasse du château frivole; la lassitude de sa main joue avec un vide Masque de fête, tandis que glisse à sa ceinture, lourde déjà de l'Écentail, l'éclat mensonger d'un Miroir.

PREMIER MOMENT

LE POÈTE

Taisez-vous, chants du monde et des lointaines cités, ce soir de la Planète m'attire par d'étranges lueurs. Pourquoi Éros, ses jeux, ses perfidies, laissent-ils mon âme indifférente? Serait-ce que je ne vais plus être moi-même et qu'un Dieu formidable descend en moi?

LES ADOLESCENTS

Oh! n'interromps point les cantiques d'extase; dis, nous t'écouterons encore vanter les chairs souples que dévêt la caresse, le chuchotement des oreillers et ce bruit de drapeau qui claque, dont sonne la victorieuse étreinte.

LES JEUNES FILLES

Module les troubles inquiets des lits de mousseline, les chevelures déjà passionnées effarouchant la limpidité des sources ; annonce l'attiédissement du printemps ; explique l'inconscience de fleur matinale dont rougit notre gorge.

DE TENDRES FEMMES

O Poète, sois attristé. Des élégies ! il faut des élégies à nos fêtes ; le regret et le désespoir seuls peuvent nous réjouir parmi le désenchantement d'être élégantes. Fi des immédiates voluptés ! Nous sommes curieuses des péchés nouveaux de l'âme. Sois le pasteur corrupteur des petites ouailles à la mode.

LES NÉFASTES POÈTES ANCÊTRES
(morts ou vivants.)

Rappelle-toi que pour être un véritable artiste, il ne faut vouloir que la splendeur des formes et la musique des mots. Que tes symboles aient cette grâce dédaigneuse de n'enclore point d'idée ! Quitte et remets les robes nuancées des fugaces caprices ! Comme une coquette change d'atours, pare-toi d'ostentation ou de factice amour...

Imite nos creuses magnificences.

CLOWNS PERVERS

Ne t'es-tu jamais enivré de dilettantisme ? Il n'importe que d'apparaître bizarre. L'effort inutile seul est « distingué ».

LE POÈTE

Ces voix, je les ai trop entendues; mais mon cerveau et mes muscles crient d'avoir été inutiles. J'écoute la clameur des combats qui me reproche mes lâchetés, et le sanglot profond du monde me saoule comme un vin de sang.

ADOLESCENTS, JEUNES FILLES,
TENDRES FEMMES,
POÈTES ANCÊTRES, CLOWNS PERVERS

La Réalité nous fait peur, nous haïssons l'Au Delà, endors-nous encore d'illusion, demeure le prêtre athée du Dieu Mensonge...

DEUXIÈME MOMENT

QUELQUES ÉCOLIERS

Les maximes desséchées des sceptiques nous ont laissé un goût de cendre. Nos cœurs ont faim de certitudes. Où le maître dont la parole sera le pain vivifiant ?

LES BARBARES

Nos robustes bras se tendent pour les réalisations. Notre impétuosité emportera, dispersés, les sophistes et les rhéteurs. Mais ne serions-nous qu'un torrent de destruction ?

LES MYSTIQUES

Souffrantes fleurs, nous élançons vers le ciel nos corolles anxieuses du parfum préféré par le Seigneur.

LES FUTURES PROPHÉTESSES

Accours, toi dont le geste animera notre front impatient, toi qui éveilleras dans nos passivités redoutables l'esprit divinatoire des Pythonisses et des Inspirées !

LES ENFANTS DANS LES ENTRAILLES DES MÈRES

Tant que le Signe de la Résurrection n'aura pas lui sur la terre et dans le ciel, nous reculerons d'épouvante au seuil de la Vie, devant l'impureté et la malédiction du monde des Déjà-Nés.

LES PEUPLES

Notre inconscience grouille en sourde tempête : des envies de massacre y passent en raffales au-dessus des dominations usurpées...

Il nous faut, il nous faut la bouche pacificatrice d'où jailliront non plus notre duperie et notre esclavage, mais notre liberté et notre rédemption.

LE POETE

Pourquoi ces rumeurs pénètrent-elles si profondément mes inquiétudes ? Personne n'a prononcé mon nom et cependant il me semble que l'on m'a appelé... Ambitieuse Folie ! Vais-je devenir l'Elu des aspirations de l'univers, serai-je le Berger qui conduira le monde au définitif bercail de l'Idéal ? Hélas ! je ne suis que le plus faible et le plus tenté des hommes.

TROISIÈME MOMENT

LES DESTINÉES

O Poète, tu n'es qu'un homme, mais Dieu habite en toi aux heures d'enthousiasme et Dieu se servira de toi pour que ton ascension soit l'ascension de l'humanité.

Tes devoirs rayonnent : il ne te suffira plus de réfléter le monde, tu l'incarneras ; il ne te suffira plus de l'incarner, tu l'exalteras, et, exalté, tu en feras la proie de l'Ineffable.

Tes chants seront accomplis. Ton Verbe sera un Acte.

Abdique tes puérilités de courtisane. Que cette tâche splendide, sans t'aveugler, t'enflamme ! Prends la solaire épée et n'aie crainte, ô Rédempteur.

Le Poète obéissant lance au loin le Masque, brise le Miroir et l'Éventail et, descendu de la terrasse frivole, laisse tomber la robe efféminée pour revêtir le kalisiris de pureté, le grave éphod de la mort et le rouge manteau du Sacrifice. L'épée solaire à la main, il menace d'un geste méprisant le château des Voluptés paresseuses, qui s'effondre dans son origine de Néant.

LA VOIX DU MAUVAIS SOLITAIRE

Je gouvernais mystérieusement la terre enfantine que tu veux viriliser de ton courage. Redoute ma haine et ma puissance. Ta victoire serait la défaite de ma silencieuse royauté. Or, je soulèverai contre ta croisade les instincts grossiers de l'homme qui sont ma fidèle milice.

L'Égoïsme, la Cupidité et la Bêtise useront ton glaive
par leur épaisseur; et tes symboliques habits, au vent de
mon ironie, s'éparpilleront en loques de desespoir.

*Mais, le cœur affranchi des apparences, le Poëte est
resté sourd aux féroces prophéties et, à travers sa
forêt des maléfices, il s'enfonce vers la future
aurore.*

LE CHEVALIER MYSTIQUE

A Odilon Redon.

LE CHŒUR

Mystique chevalier, toi qui tiens dans tes serres
La tête aux grands yeux clos comme une fleur de deuil,
Et l'arrêtes, autoritaire, sur le seuil
D'un temple noir que garde une calme Chimère,

Mystique chevalier, d'où viens-tu ? — Quel forfait
Salutaire et cruel durcit ton âme pure ?
Tu vas, ô Ténébreux, d'une infaillible allure
Et tu veux frenetiquement ce que tu fais.

LE CHEVALIER.

J'ai parcouru la Mer et la Terre ; le Ciel
Tente seul maintenant ma fièvre enthousiaste
Et, fort par un regard de Dieu, je m'en vais, chaste,
Pénétrer dans l'abîme où m'appelle le Ciel.

LA CHIMÈRE.

O jeune ami, ton front vaste et triangulaire,
Ton adolescence invincible de fierté,
Ton âme de mystère et ton corps enchanté
Tout toi-même attendrit et charme la Chimère.

LE CHEVALIER.

Je ne dois point charmer et ne veux de pitié
D'aucun Humain, d'aucun Surhumain, Femme Ailée,
J'ai fui cet univers vide et j'ai défié
L'avenir avec ma convoitise immolée.

LA CHIMÈRE.

Enfant, sauvage enfant, explique ton destin.

LE CHEVALIER.

Je suis las du Soleil, je suis las des Etoiles,
Je suis las de rêver, ô Chimère, et mes moelles
Sont avides d'un grand frisson morne et hautain

LE CHŒUR.

Enfant, sauvage enfant, explique ton destin.

LE CHEVALIER.

Je suis las de marcher sur la terre stérile,
Las du vil scepticisme et de l'absurde foi,
Je vois l'humanité sous mes pieds, comme un roi
Voit houler à son trône une plèbe inutile.

LA CHIMÈRE.

Tu n'as donc pas goûté le bonheur d'être deux,
Tu n'as donc pas goûté l'ineffable délice
D'une lèvre à ta lèvre et ce doux sacrifice,
Étant trop haut, d'être à genoux, tendre et pieux.

Je suis assise, moi la Chimère qui plane,
Car je déteste, étant aussi lasse que toi,
Le vain balancement de ces oreilles d'âne
Qui se nomment la palme et le laurier ; j'ai froid

Dans les immensités du royaume céleste
Et je suis accroupie au mur, comme un lépreux,
Et je ne veux garder de tout ce qui me reste
Qu'une compassion plus large que les cieux.

LE CHEVALIER.

Tu es lasse, mais pas comme moi, tu es femme,
Tu es lasse, le poids de tes seins te courba ;
Ma poitrine de mâle endurcie au combat
Se roidit comme une cuirasse ou une lame.

Vois-tu ce que je porte en ma serre, vois-tu
Ce talisman de mon éternelle victoire,
Cette tête que j'ai tranchée, et cette gloire
D'avoir à mon amour préféré ma vertu

Ce front, d'où débordait le vertige du monde,
Ce front de ma maîtresse et de ma volupté,
Le voici par ma main criminelle emporté
Attestant l'atroce héroïsme et la profonde
Volonté d'asservir toute lâche bonté.

LA CHIMÈRE.

Terrible adolescent, j'ai peur de ton courage,
Le Temple noir est bien ouvert à ton désir,
Mais, avant d'épouser l'ivresse de mourir,
Rappelle-toi mon cri de pardon qui t'outrage.

Rappelle-toi que Dieu se révulse à l'horreur
Du sang tout répandu des blessures béantes,
Que le Très Dur est doux, même dans ses tourmentes,
Que seul est pur le sacrifice intérieur !

Ne coupe plus la tête aux tristes pécheresses :
Sois pitoyable au cœur débile et débauché
Et si tu dois frapper le mal et ses paresses,
Ne sois jamais que le bourreau de ton péché !

LE CHŒUR.

Mystique chevalier, écoute la Chimère :
Ton erreur fut sublime, elle t'ouvre le noir
Parvis où va se purifier ta colère.
Cette tête coupée, aux lèvres d'encensoir,
Priera pour le salut de Toi, son désespoir,
Et sa mort te fera ton destin de lumière.

GLOSE DE LA PORTE HÉROIQUE DU CIEL [1]

Moi que les Anges ont béni suavement
Et caressé puisque tout trompait sur la terre,
Je sens dans l'infini de moi l'esprit austère
Sûr de vaincre le mal avec des yeux cléments.

Moi que le ciel tint dans ses bras, comme une mère
Berce un tout petit enfant trop faible encor,
Je regarde paisiblement ta face, ô Mort,
Et sans être troublé par ta flamme et tes ors
Je te regarde, ô vie absurde et mensongère ;

Le sourire de Dieu m'a nourri d'un lait fort
Et si dans les brasiers du mal, forgeron triste,
La tête en feu, les mains noires d'efforts,
Je m'exalte comme un artiste
Qui d'une gangue veut arracher un trésor.

C'est qu'il est dans l'enfer des âmes qu'on délivre
Et des cœurs rougeoyants qu'il s'agit d'assouplir ;
Purifier le mal vaut le plus beau des livres
Tandis que vivre pour soi seul n'est que mourir.

Ah ! il n'est pas au ciel qu'une porte de gloire,
Les vrais élus ont tous passé par les obscurs
Ravins, où seuls ongles et dents font la victoire...
Tu n'auras l'air d'en haut que si tu romps les murs
Et le péché vaut mieux qu'un salut illusoire.

(1) Extrait de **Prière**, poème mystique de JULES BOIS.

NOTES NOUVELLES

SUR LE DRAME ÉSOTÉRIQUE [1]

Par son symbolisme large et clair malgré tout, puisqu'il est humain et correspond à tout un ordre de vérités éternelles, le drame ésotérique ira au cœur des simples qui revivront, sur une scène enfin initiatrice, les grands problèmes de leur âme, de leur destinée et de leurs missions.

Dans ce théâtre il y a communication entre les acteurs et les spectateurs ; la rampe n'est pas un mur infranchissable ; les mystères d'Éleusis (2) avaient la foule des mystes comme acteurs, de même qu'à un moment donné, dans les églises, le peuple mêle sa voix aux cantiques et se conforme, par la parole et l'attitude, au drame qui se joue sur l'autel et qui se représente en lui. Le drame ésotérique moderne ne pourra donc se

---

(1) Voir, dans *les Noces de Sathan*, la préface : *Le symbolisme des Noces de Sathan et le drame ésotérique*, qui complète ces notes.

(2) Les « Mystères d'Éleusis des Temples » et « le drame ésotérique » ne ressemblent pas aux *Mystères d'Éleusis* de M. Maurice Bouchor, poète indépendant qui adopte un cadre antique pour y mettre en valeur des peintures et des pensées personnelles.

réaliser entièrement que lorsque aura été élevé un temple à Isis(1); il n'a donc rien de commun avec des drames sacrés que l'on monta en grande pompe sur les boulevards. Mais le drame ésotérique n'est pas, comme la messe du catholicisme ou du bouddhisme, un thème de déclamation magnifique et identique; il évolue selon les races, les esprits, les siècles, et sa souplesse enveloppe la majesté sûre, l'infaillibilité des idées qu'il révèle. Les poètes pourront le modeler selon leur tempérament; la multitude des symboles mystiques est si grande que jamais la monotonie ne lasserait des spectateurs transportés dans les féeries des plus belles et des plus diverses légendes du monde. Le Ramayana, par exemple, renferme plus de cent drames ésotériques en chaos.

Wagner pressentit le drame ésotérique, lui qui voulut une montagne, un théâtre, un silence, une ombre et un temps déterminés pour ses chefs-d'œuvre; il créait l'illusion d'un temple sinon la réalité, reproduisait sur la scène les grands mythes religieux et créait un pèlerinage spécial de mystes wagnériens à de certaines époques, comme il était coutume à Éleusis pour les mystères. Mais il manque à ce Précurseur la foi intellectuelle complète en ses mythes, une communication aisée avec la foule, une initiation graduée et véritable et aussi toute une cohorte sacrée pour le seconder et le continuer en le complétant.

Le drame ésotérique a comme esthétique un naturalisme transcendant. Ce n'est pas une psychologie abstraite et nébuleuse qui l'anime, c'est

---

(1) Voir les *Petites Religions de Paris*.

une « biologie » où l'âme étreint le corps, où la
matière et l'esprit, la Nature et Dieu sont liés l'un
à l'autre par ce grand baiser de la vie. Les drames
romantiques sont très éloignés de notre concep-
tion, eux qui ne sont guère qu'imagination déré-
glée et ne sont point assis sur l'humanité ; mais
certaines tragédies de Corneille s'en rapprochent,
car, tout en racontant l'histoire de la Passion et de
la Défaillance, elles s'illuminent de noblesse jusqu'à
l'héroïsme. Que l'on ne reproche pas au drame
ésotérique d'être le fruit creux d'une réaction
idéaliste, qui ne peut être que très artificielle ;
il s'habille de chair, le sang coule dans ses personnages grandioses ; et une grande tendresse, les
effluves du cœur, baigne ses entités vivantes, qui
sont les types primordiaux de notre espèce et du
monde...

Je soutiens que Dyonisos, que Pluton, que
Persephone, que Démeter, que Sathan lui-même
sont des réalités beaucoup plus puissantes et
beaucoup plus poignantes que le plus réaliste des
personnages d'une comédie ou d'un drame con-
temporains, s'ils sont compris selon la Doctrine
Occulte, car dès lors ils représentent les forces
premières de l'homme et du monde, les grandes
impulsions vivifiantes sorties de la terre ou du
ciel. En ceci le drame ésotérique est platoni-
cien, car pour lui, l'homme typique, la femme parfaite ont préexisté réellement à l'homme déchu et
à la femme incomplète de nos jours ; c'est l'Adam
et l'Ève primitifs qui *existent* véritablement et
non pas leurs images modernes affaiblies, — om-
bres de caverne ou de coulisse.

Et quoi de plus dramatique, de plus « scéni-
que », de plus intéressant, en somme, que les

grandes luttes de la Vie et de la Mort, de la **Faute**
et de la Rédemption, du Mal et du Bien, lutte que
le ciel reproduit dans ses astres, que la terre répète en ses saisons et que l'homme réalise dans son
cœur (1) ! Prenons les *Mystères d'Eleusis* : Voilà
Perséphone, l'âme collective, qui cueille le **Nar**-
cisse sur le conseil d'Eros et qui, ainsi, fait tomber
dans le royaume de Pluton, c'est-à-dire sur la
terre ténébreuse, vous, moi, l'acteur qui joue, le
spectateur qui écoute, le critique qui prend des
notes ; elle est touchante au delà même des nerfs,
au delà de l'âme, jusque dans les abimes de notre
conscience et de notre esprit, tandis que Dona
Sol aux bras d'Hernani, elle qui n'a pas plus de
grâce ni plus de passion que Perséphone, ne re-
quiert que des imaginations romanesques et un
peu puériles, ou les artistes uniquement préoc-
cupés de forme et de sonorité (2).

*Mes conférences, salle des Capucines et au
Théâtre-Moderne, développèrent ces idées, les
affirmèrent, les conseillèrent ; j'ai eu la joie de
voir efficaces ces plaidoiries pour la bienfai-
sante beauté. Cette notion du poète messianique,
synthèse de l'humanité, et son réformateur, a
pénétré les âmes. Puissent-elles, ces vérités im-
personnelles que le premier j'ai eu le devoir
d'apporter, féconder la sécheresse et l'immobile
dédain de notre siècle !*

---

(1) M. Jean Jullien, auteur de ce drame *La Mer*, d'une
force si émouvante, et critique dramatique au *Paris*,
a dans ses feuilletons clairement et loyalement exposé
ces idées qui ne relèvent pas de son esthétique mais
dont il a voulu reconnaître le sérieux et l'espoir.

(2) Extrait du journal *Le Cœur*, troisième fascicule.

TABLE

Paris. — Imprimerie PAUL DUPONT. — 95.4.94.

RED. :

23

MIRE ISO N° 1
NF Z 43-007
AFNOR
Cedex 7 - 92080 PARIS LA DEFENSE

graphicom

0 1 2 3 4 5 6 7 8 9 10